48

6 253.

48

b 253.

RÉFLEXIONS

SUR LA

SITUATION PRÉSENTE DE LA FRANCE,

ET SUR SES VRAIS INTÉRÊTS.

Par un Membre du Collége Electoral du Département de la Loire-Inférieure.

PARIS,

H. NICOLLE, A LA LIBRAIRIE STÉRÉOTYPE,
RUE DE SEINE, N°. 12.

M. DCCC. XV.

DE L'IMPRIMERIE DE A. BELIN,
Rue des Mathurins-St.-Jacques, hôtel de Cluny.

AVIS.

Les Observations que nous présentons aujourd'hui au Public, ont été rédigées dans les premiers jours du mois d'août ; quelques circonstances en ont retardé l'impression. On ne sera donc pas étonné de trouver que plusieurs de ces observations sont un peu arriérées pour les faits. Dans la situation où nous nous trouvons, d'un jour à l'autre, les événemens éprouvent des variations sensibles; nos Lecteurs voudront bien se reporter au temps où nous écrivions, pour juger de la justesse de nos Réflexions. Nous n'y avons rien changé, parce que notre objet est toujours le même. Nous ne croyons pas avoir rempli le cadre étendu qui s'offrait pour nos idées. Il en est quelques-unes que le défaut de nos forces ne nous a pas permis de développer d'une manière complète.

Il en est d'autres que d'importantes considérations nous ont fait passer sous silence,
ou seulement indiquer. Nous espérons que
si cet écrit n'est pas d'une grande utilité,
on rendra justice aux intentions qui l'ont
dicté.

5 Septembre 1815.

RÉFLEXIONS

SUR LA

SITUATION PRÉSENTE DE LA FRANCE,

ET SUR SES VRAIS INTÉRÊTS.

LA France, après avoir passé des déchiremens de la plus sanglante révolution, aux vexations du despotisme militaire le plus absolu, se reposait depuis le mois d'avril 1814, sous l'abri d'un gouvernement paternel, lorsqu'une trahison, sans exemple, l'a replongée, au bout d'une année, dans le précipice d'où elle sortait. La famille de ses Rois a encore été forcée de s'exiler. Les anciennes plaies de l'Etat se sont rouvertes, et il a reçu de nouvelles atteintes.

On a vu reparaître, avec Napoléon, ce funeste génie, les mesures arbitraires, les proscriptions de classes, le langage démagogique, les désordres populaires, les fédérations factieuses. La guerre civile s'est allumée, et à ses fléaux se sont joints ceux d'une guerre étrangère terrible.

L'Europe n'a pu voir, sans indignation, se rétablir un Gouvernement révolutionnaire qui, soit qu'il devînt républicain, ou fût une seconde fois dirigé vers le despotisme, n'en menaçait pas moins sa sûreté. Des promesses fallacieuses d'une modération future, à travers lesquelles perçait la rage de l'ambition, plutôt réduite à dissimuler qu'éteinte, n'ont pu séduire les Princes alliés. Ils ont dû jurer de renverser encore une fois une puissance dévastatrice.

En vain pour désunir cette ligue générale, le Gouvernement usurpateur a fait jouer tous les ressorts d'une politique infernale ; en vain pour lui résister, il s'est étayé de toute la lie du parti de la révolution, exalté par ses appels et ses manœuvres ; en vain l'armée a été fanatisée par le prestige d'honneur qui l'avait déjà séduite ; ce Gouvernement éphémère n'a pu que succomber sous les efforts de l'Europe conjurée.

Cependant combien sa chute n'a-t-elle pas coûté de larmes à la France. La majorité, la saine partie de la Nation n'a point pris part à l'attentat. Les Alliés lui ont rendu cette justice ; mais, dans une semblable secousse, l'innocent souffre avec le coupable ; les réquisitions oné-reuses et les autres vexations, qui sont la suite inévitable de l'occupation militaire, pèsent sur presque toutes nos provinces, et ce ne sont encore que les moindres de nos maux.

Notre Monarque chéri nous est rendu, il est depuis un mois au milieu de nous, et son autorité est souvent méconnue ; on insulte publiquement les signes du dévouement à sa cause, on conspire encore contre lui, malgré la présence des Alliés. Une partie de l'armée persiste dans une sorte de rébellion (1), on ne fait que des soumissions incertaines. Enfin, l'esprit de parti semble acquérir une nouvelle intensité.

Cette situation déplorable est un obstacle à la tranquillité intérieure ; elle retarde la conclusion de la paix et nous tient dans une cruelle incertitude sur l'avenir.

Nous oserons, avec la franchise de l'honnête homme et du bon citoyen, qui a toujours le droit de se faire entendre, nous oserons découvrir le danger de cette situation critique. Il faut que toute l'étendue du mal soit connue, pour réveiller le zèle du bien public, éteint par la longue habitude d'égoïsme que nous devons aux agitations de la révolution. La France peut sortir de l'humiliation qui la couvre ; mais elle ne le peut que par des moyens prompts, sages, généreux, efficaces.

---

(1) Voyez l'avis qui est au commencement de cet écrit.

(4)

C'est ce même égoïsme que nous venons de signaler, qui nous a rejetés dans l'abîme. Quels que soient les principaux auteurs de la dernière révolution, qu'on la doive aux créatures de Buonaparte et à l'armée trop habituée à voir tout céder à son intérêt, pour avoir pu s'attacher de bonne foi à un système pacifique, ou qu'on l'attribue aux partisans exagérés et incorrigibles de la première révolution, il n'en sera pas moins vrai que jamais il n'y eût de mouvement révolutionnaire aussi peu patriotique. La France était libre, paisible et heureuse, et c'est à de vils intérêts particuliers, ou à des chimères, qu'on a sacrifié ce bonheur public. La prévention et une aveugle crédulité ont pu seules applaudir au prétendu zèle pour l'honneur national et la liberté, aux déclamations de cette haine contre la féodalité, les dîmes et autres droits surannés, auxquels personne ne pensait plus. Mais les auteurs des derniers troubles savaient qu'on tire toujours quelque parti de ces ridicules talismans politiques, auprès de ceux qui croient n'avoir qu'à gagner dans un bouleversement.

Enfin, c'est donc ce même égoïsme qui entretient actuellement les divisions et paralyse tout ce que l'on voudrait entreprendre pour le rétablissement de l'ordre. Qu'on ne se le dissimule point, tant que cet état de choses durera, nous ne pouvons compter ni sur la sécurité intérieure, ni sur l'indépendance politique. Avons-nous le droit d'exiger des nations armées pour leur propre sûreté, cette liberté d'agir dont nous avons fait un si mauvais usage, jusqu'à ce que nous puissions leur offrir une garantie suffisante ; et cette garantie, où la trouveront-elles, si l'heureuse réunion des Français autour d'un gouvernement ferme et durable, ne la leur présente pas ?

La considération de ces importantes vérités devrait toucher tous les Français, auprès desquels la voix de la raison peut encore se faire entendre ; et de quels intérêts, grand Dieu ! ne s'agit-il pas ici ?.... De tout ce qu'il y a de plus sacré pour le citoyen, de tout ce qu'il y a de plus cher pour le père de famille. Auprès de ces grands objets, l'esprit de parti doit se taire ; il doit sacrifier ses préjugés et ses habitudes ; ou plutôt il ne doit plus exister de partis. Tous les vœux particuliers doivent se confondre dans l'intérêt général, et chacun doit sentir qu'il n'est qu'un bon système de gouvernement, celui qui, offrant de la stabilité, est propre aux circonstances.

Rien ne nous semblerait plus propre à ce but que d'éclairer la nation sur les véritables causes de ses divisions, et de dégager les choses des enveloppes trompeuses que l'enthousiasme et la prévention leur ont prêtées. Une telle tâche demanderait une plume plus exercée que la nôtre et des conceptions plus profondes. Nous nous contenterons d'en donner une ébauche, en jetant un coup-d'œil impartial sur les causes, les motifs de la révolution française, et sur ceux de ses résultats qui peuvent s'accorder avec la position actuelle de la France. Nous y joindrons quelques réflexions sur les moyens de donner au gouvernement la force et l'heureuse stabilité que nous lui désirons.

LES émotions de la révolution sont trop actives et trop récentes, pour qu'on puisse entièrement espérer d'en faire envisager les résultats de sang-froid par ceux qui y ont été parties intéressées. Cependant nous croyons que la bonne foi et la modération peuvent même à présent se faire écouter. La prévention n'aveugle pas assez tous les hommes, pour qu'ils se refusent absolument à un examen loyal du sujet de leurs querelles.

Nous tâcherons de justifier de notre côté cette impartialité dont nous nous faisons un devoir. Nous ne cacherons pas que nous sommes royalistes ; parce que nous croyons que le royalisme est la seule cause que puisse soutenir un bon

Français. Mais nous voulons l'être sans exagéra-
tion, et nous peserons nos opinions particulières
comme les autres, à la même balance, celle de
l'intérêt public.

Et d'abord, quelles furent les causes de cette
révolution étonnante que les uns proclament
comme le triomphe du génie de l'homme et de
son énergie, et que les autres envisagent avec
horreur, comme le délire le plus criminel ? Un
homme d'État habile a dit : qu'elle était plutôt la
suite de l'état des connaissances et du progrès des
lumières, qu'elle n'a été occasionnée par les abus
qui en furent le prétexte.

Nous le pensons comme lui. Cette longue com-
motion est due aux écrits des économistes modernes et à ceux de la nouvelle philosophie, qui
minaient depuis long-temps les bases des anciennes
institutions.

D'un côté, ces écrits répandaient une doctrine
erronée de la souveraineté du peuple, et celle
d'une égalité dans les droits qui attribuait faus-
sement à l'homme en société, ceux de l'homme
de la nature, mais qui flattait le mobile le plus
puissant de ses passions; de l'autre, ils ébran-
laient les dogmes religieux de nos pères qui prê-
taient un appui salutaire à l'autorité civile.

Aussi, bientôt imbue de cette philosophie et

surtout infatuée de la manie du raisonnement, la nation Française ne put respecter long-temps un système dont les différentes parties ne paraissaient pas s'accorder avec les principes plus ou moins spécieux des nouveaux Législateurs. Elle se dégoûta de l'antique et monotone tranquillité d'une constitution qui ne passait plus que pour le gothique ouvrage de la superstition et de l'ignorance, qui n'était enfin, à des yeux prévenus, que le code de l'esclavage.

Des abus supposés ou vrais, car il en existait réellement, furent, comme nous l'avons dit, le prétexte des innovations. Des hommes, dont les intentions étaient honnêtes, espéraient remédier à ces abus par une constitution perfectionnée; et si des vues perfides en ont conduit d'autres dès les premiers pas, ce serait une extrême injustice de ne pas convenir que plusieurs furent plus égarés que coupables, et ont gémi des suites funestes de leur entreprise.

De bons esprits jugèrent dès-lors que, quelque fondés que fussent les reproches qu'on pouvait faire au système établi, il valait encore mieux tâcher de faire vivre cet ancien ordre de choses, que de courir les risques d'une crise qui pouvait mener plus loin qu'on n'eût voulu. On put se rappeler le mot du penseur Montaigne qui, écri-

(9)

vant à une époque de troubles, disait : Tout va bien mal ; cependant s'il dépendait de moi de fixer au moment présent la roue de la fortune , je le ferais à l'instant pour ne pas m'exposer à de nouvelles chances (1). Idées pleines de la plus sage philosophie ; malheureusement nos modernes législateurs furent conduits par d'autres calculs.

La révolution commença donc, et entraîna la France dans cette longue série de désastres dont

---

(1) Telle est la pensée de Montaigne ; mais nos lecteurs verront sans doute avec plaisir le passage entier dans le langage aussi original que naïf de l'auteur :

« Et pourtant, selon mon humeur , ès affaires publi-
» ques, il n'est auscun si mauvais train, pourveu qu'il
» aye de l'aage et de la constance , qui ne vaille mieux
» que le changement et le remuëment. Nos mœurs sont
» extresmement corrompuës, et panchent d'une mer-
» veilleuse inclination vers l'empirement : de nos loix
» et usances, il y en a plusieurs barbares et monstrueuses:
» toutesfois pour la difficulté de nous mettre en meil-
» leur estat, et le danger de ce croullement, si je pou-
» vais planter une cheville à notre roue, et l'arrester
» en ce poinct, je le ferais de bon cœur.

Numquam adeo fœdis adeoque pudendis
Utimur exemplis, ut non pejora supersint.
Juv. Sat. 8.

« Le pis que je trouve en notre estat , c'est l'instabilité. »

nous gémissons encore. Nous ne parlons que de ses erreurs, nous n'en retracerons point les crimes. L'histoire qui les apprendra à nos neveux, sera peut-être traitée de fable; Dieu veuille qu'une nouvelle expérience ne vienne pas prouver sa réalité! Notre plan, très-resserré, nous prescrit d'entrer de suite dans l'examen des objets et des résultats de la révolution.

Avant de traiter cette matière, rappelons une vérité immuable, sans la conviction de laquelle nous courerions risque de ne pas nous entendre. C'est qu'un homme raisonnable, pour juger sainement d'un événement politique, doit consulter, non ses prétentions et ses préjugés, mais bien la fin et l'action réelles de cet événement sur le bonheur public.

D'après cet axiôme, que l'on ne peut nous contester, nous nous livrons franchement à l'examen que nous avons annoncé.

Notre impartialité nous fait un devoir de ne pas confondre les objets de la révolution avec ses suites. Si celles-ci sont dues aux premières entreprises, si les désordres sanglans qui ont eu lieu tirent leur source de l'imprudence des novateurs, on ne peut dire cependant que les désordres aient été en général l'objet de la révolution.

Nous réduirons à deux chefs principaux les

motifs : le nivellement des droits et les limites de l'autorité absolue.

Dans le premier chef sont renfermées l'abolition des priviléges pécuniaires appartenant, soit à des portions du territoire de la France, soit à des classes d'individus ; l'admission égale de tous les citoyens aux divers emplois ; la destruction des distinctions honorifiques et héréditaires.

Dans le second chef, se rangent l'établissement d'un système représentatif, et par ce moyen, le concours du Peuple à la confection des lois.

Tels furent les véritables motifs de la révolution. On ne les avoua pas tous dès son origine, mais ils n'en étaient pas moins suivis par presque tous ceux qui voulaient la faire.

L'ordre que nous avons donné à ces différens motifs, sera celui de leur examen succinct.

1°. L'abolition des priviléges pécuniaires renferme trois objets principaux.

L'égale contribution des provinces.

L'égale contribution des individus.

La destruction des droits féodaux.

L'égale contribution des Provinces.

On ne peut se dissimuler que quelques-unes d'elles n'eussent des priviléges légitimement et solidement acquis. La Bretagne, par exemple, réunie à la France par le contrat de mariage de sa dernière duchesse, avait certainement le droit de réclamer l'exercice des priviléges consacrés par les clauses de ce contrat. Cependant, quoique la renonciation n'ait pas été régulière, l'intérêt général et une sorte de prescription font une loi d'abandonner toute prétention à cet égard.

L'égale contribution des individus.

Elle paraît conforme à l'équité naturelle. Cependant nous croyons devoir soutenir que des droits politiques constatés par une longue jouissance, reconnus par les lois de l'Etat, ne peuvent pas être considérés comme illégitimes. L'égale contribution ne nous paraît pas juste de nécessité; mais puisqu'elle est actuellement établie par l'usage, on doit la maintenir.

La destruction des droits féodaux.

On sera peut-être étonné que nous rangions les droits féodaux parmi les priviléges pécuniaires, et ce serait avec une sorte de raison, puisque les autres classes partageaient, avec la noblesse, la jouissance de ces droits. Cependant, comme la plupart des grands fiefs étaient entre ses mains, c'est contre elle seule que la haine qu'inspiraient ces droits s'est dirigée.

Nous aurons la bonne foi de convenir que nous ne regrettons pas ce système de propriété réellement un peu gothique dans ses usages, et offrant des difficultés et des sources de vexations pour la perception des revenus. Mais c'est, à notre avis, une accusation étrange que celle de l'illégitimité des biens féodaux; quelqu'origine qu'on veuille leur assigner, de quelque usurpation qu'ils soient entachés à leur naissance, quelle nature de biens pourrait éprouver sans crainte une recherche de mille ans? Qu'on les eût supprimés, ces droits féodaux, soit, mais ne devait-on pas respecter le droit de rachat, indemnité qu'on avait d'abord réglée.

En résultat, toute injuste que cette suppression absolue nous paraisse, le sacrifice en est fait; et d'ailleurs, presque tous les propriétaires, en perdant des revenus de cette nature, en ont reçu la compensation par la décharge des droits semblables qui grévaient aussi leurs terres.

Ici, nous ne pourrons nous empêcher de demander aux fanatiques de la révolution, si, en ce cas, elle a atteint le but principal qu'on prétendait atteindre, le dégrèvement de la classe indigente ou peu aisée : car, peu lui importe sans doute que la contribution soit égale et proportionnelle, si sa condition n'en devient pas meilleure. Qu'on demande aux malheureux s'ils sont plus aisés qu'en 1789 ; si l'abolissement de la corvée, des dîmes et des droits seigneuriaux a fait entrer un écu de plus dans leur poche? Qu'on leur demande si les impôts directs et indirects, si les centimes additionnels et les contributions de guerre, n'ont pas au contraire rendu leur existence plus pénible, sans parler des maux de toute espèce, qui ont été la suite de la révolution, et ont pesé sur l'infortuné comme sur l'homme opulent ? Qu'on demande au pauvre paysan, enfin, s'il a trouvé chez les nouveaux enrichis cette protection assurée, et les secours paternels de ceux qu'on a voulu lui peindre comme des tyrans? La conséquence nous paraît trop facile à tirer pour l'indiquer.

2°. *L'admission égale de tous les citoyens indistinctement à tous les emplois.*

Il y avait certainement plus de déclamation que de solidité dans les plaintes que l'on formait à cet égard. On sait qu'à l'exception de l'état militaire, les charges les plus importantes de l'État étaient aussi bien dévolues aux autres classes qu'à la noblesse. D'ailleurs, en France, la noblesse était constitutionnellement et spécialement chargée de la défense de l'État, qu'elle servait à ses frais. Les charges militaires lui appartenaient donc de droit. Mais si ce privilége, presque exclusif, paraissait trop choquant, n'était-il pas possible, sans tout renverser en France, de lui conserver son admission de droit dans un certain nombre de places d'officiers, réglant du reste l'avancement sur la durée et l'éclat des services? Cette mesure eût suffi pour maintenir l'existence utile et patriotique de la noblesse.

Nous ferons observer, relativement à ce point important de nos discussions, que, quelque incontestable que paraisse la doctrine en faveur, plusieurs nations ont eu des lois et des usages opposés. Nous rappellerons surtout ceux de l'ancienne Égypte dont la sagesse fut en honneur dans l'antiquité.

Chez elle, tous les états étaient héréditaires. Le fils du soldat était soldat, et l'artisan ne pouvait se dispenser d'exercer le métier de ses pères. Les Égyptiens pensaient que cette obligation faisait tendre au perfectionnement de chaque profession; ils pensaient surtout que, si cette constitution les privait des services de quelques hommes de génie, elle les débarrassait aussi d'une foule d'intrigans et d'ambitieux qui ne cherchent à s'élever que pour leur propre avantage.

Ceux qui veulent bien accorder quelques lumières aux vieux âges, conclueront peut-être
de cette coutume égyptienne que les grands principes d'égalité naturelle peuvent souffrir des
modifications dans une sage économie sociale.

3°. *L'abolition des distinctions honorifiques.*

Nous oserons ici contrarier le système du
nivellement; et si nous n'avons pas voulu défendre les priviléges pécuniaires, ceux-ci nous
semblent d'une toute autre nature, et mériter
plus d'égards; ou, pour parler plus exactement,
nous pensons qu'on doit maintenir une gradation
dans les rangs de la société. Un sage législateur
croira bien devoir quelques sacrifices à des idées
généralement reçues, mais il ne se croira point
obligé de satisfaire toutes les prétentions particulières.

Abolir la noblesse serait priver l'État d'une
institution dont l'utile influence a produit tant
d'actions généreuses. Ce serait priver le trône
d'un de ses plus fermes appuis, quoiqu'on ait
voulu prétendre. Qui osera soutenir qu'une institution qui dévoue d'une manière spéciale au
service de son pays d'anciennes familles, illus-
trées par d'anciens services, soit une institution

barbare, surtout, quand cette classe distinguée et non privilégiée, contribuera comme les moindres citoyens aux charges de l'Etat, quand elle n'excluera personne d'aucun emploi, enfin quand la noblesse ne sera plus que la considération héréditaire, acquise par un mérite réel; car nous tenons à ce qu'elle soit héréditaire; si les talens et les vertus ne le sont pas toujours, les préjugés le sont ordinairement, et de généreux mouvemens sont souvent la suite d'un noble préjugé.

On a dit que la Charte royale, tout en paraissant conserver la noblesse, la détruisait effectivement, et n'en laissait subsister que l'ombre. Nous pensons d'une autre manière. Quelque différence qu'il y ait entre l'existence actuelle de la noblesse et celle dont elle jouissait autrefois, nous croyons cette existence utile. La noblesse française, par cela seul qu'elle est encore reconnue telle, gardera sa destination honorable : oubliant ses anciens priviléges, elle ne voudra conserver comme tels que les sentimens qui lui font une obligation sacrée de son dévouement au Roi et à la Patrie.

Eh! n'avons-nous pas le droit de rappeler ici la conduite des gentilshommes émigrés? En vain une cruelle injustice a essayé de donner au dévouement le plus héroïque pour la cause du Roi, les couleurs de la trahison envers la France. Si les ennemis des émigrés pouvaient envisager avec impartialité toute l'étendue de leurs continuels et pénibles sacrifices, pourraient-ils ne pas rougir d'avoir outragé ces nobles exilés, toujours Français, malgré la fortune, et que rien n'a pu écarter de la ligne du devoir?

D'ailleurs, ne doit-on pas quelque respect à un vénérable débris de l'ancienne monarchie, aux restes de cette institution à qui nous devons peut-être une partie de la vertu des Duguesclin, des Bayard, des Sully, des Turenne, des Villars, de cette institution qui fournit au Roi, dans les circonstances présentes, un moyen précieux de récompenser tant de fidèles serviteurs?

Passons au second chef, le plus important de tous, qui concerne les limites que l'on a prétendu apporter à l'autorité absolue, et la représentation nationale appelée à contribuer à la confection des lois.

Nous commencerons par combattre une erreur très-répandue, celle qui suppose que la France n'avait pas de constitution avant 1789, erreur funeste, et qui provient de la manie des principes rigoureux. Un ouvrage estimé (1), qui

____

(1) La Constitution non écrite du Royaume de France, par M. Ducancel.

a paru l'année dernière, l'a réfutée avantageu-
sement. Sans entrer dans des détails qui sortiraient
de notre plan, nous croirons pouvoir soutenir
que, si la France n'avait pas une grande Charte,
une Charte écrite, elle avait néanmoins une véritable Constitution ; l'autorité absolue y étant
limitée par les Etats provinciaux, leurs priviléges,
et ceux des villes, des communautés et de plusieurs classes d'individus, par l'autorité des Par-
lemens, enfin par les principes gravés dans le
cœur et dans la pensée des Français (1).

Tous ces pouvoirs formaient une balance politique réelle ; à la vérité, tous n'appartenaient
pas à toute la France. L'ensemble et la marche
en étaient obscurs et incertains ; mais, depuis
long-tems, ils existaient ; et il eût été sans doute
possible d'en prolonger la durée. Actuellement
que la Révolution les a détruits, cette incertitude
et cette obscurité sont des inconvéniens très-
graves et qui s'opposent peut-être plus que tonte
autre chose au rétablissement de l'ancien ordre.

Aussi qu'une nouvelle Constitution fut nécessaire, puisqu'on avait eu l'imprudence de renverser l'ancienne, c'est ce qui nous paraît incon-

____

(1) La Constitution non écrite du Royaume de France,
par M. Ducancel, pag. 8.

testable; mais il n'est pas étonnant que les avis soient partagés sur les bases qu'on doit admettre.

Quelques anciens royalistes croient qu'il n'y a pas de salut pour la France, si elle ne se replace sous un système à peu de chose près semblable à l'ancien; et de leur côté, les fanatiques de la liberté, tout en nous accordant une Monarchie, ne voudraient nous donner qu'une espèce de République.

Nous ferons observer aux premiers qu'une partie des bases de l'ancien ordre de choses est absolument détruite, et qu'il faut nécessairement l'abandonner; qu'il faut que l'édifice social ait de l'ensemble dans ses points les plus importans, et que la marche du Gouvernement ne soit ni irrégulière, ni boiteuse.

Nous leur dirons qu'après trente ans d'une suite de révolutions comme les nôtres, il y a des changemens dans les idées et dans les mœurs, contre lesquels on ne peut rien et auxquels il faut accommoder le système du gouvernement même dans une restauration; nous leur représenterons que ce n'est point là cette dangereuse fusion de principes qu'on blâme avec raison.

Nous répondrons aux seconds que, si le pouvoir trop absolu peut dégénérer en tyrannie, qui est un grand mal dans un Etat, l'autorité souveraine trop limitée ne peut se défendre de l'anarchie et des factions, ce qui est le plus grand de tous; que, lorsqu'on s'occupe de réparer enfin les malheurs de la plus longue et de la plus cruelle révolution, lorsqu'il s'agit d'assurer à nos enfans, et même à nos vieux jours une existence moins orageuse, il faut prendre garde de sacrifier encore le bonheur public à de vaines spéculations. Ecoutons à la fin la voix de l'expérience, ne nous coûte-t-elle pas assez cher, pour en profiter? Pesons enfin à leur juste valeur les idées dites libérales, sachons distinguer ce qui n'est que spécieux d'avec ce qui peut convenir à notre situation.

Enfin nous dirons ouvertement à tous ceux qui ne croient point que le système représentatif actuel puisse convenir à la France, que le vœu d'une grande partie des peuples de l'Europe s'y rattache, et qu'on ne peut s'empêcher d'y condescendre, pourvu qu'il soit tempéré de telle manière qu'il ne favorise pas la licence. Nous croyons que l'on ne peut s'écarter de ce système, qui renferme, à quelques exceptions près, ce qu'on a imaginé de mieux dans une Monarchie limitée, et qui en résultat est certainement plus propre à calmer les factions et fixer les prétentions que les autres modes, anciens ou nouveaux, qu'on pourrait adopter. Peut-être, comme les mots ont une influence sensible sur les choses, conviendrait-il de donner aux deux Chambres qui composent la Représentation nationale, le nom de Parlement, qui se rattacherait à nos anciennes institutions

Toutefois, si, après une année à peine écoulée de son exécution, on croit devoir, sans autre expérience, retoucher la Constitution pour la perfectionner, qu'on n'oublie jamais qu'elle doit garantir une honorable liberté; mais qu'elle doit donner surtout à l'autorité royale cette force respectable qui la mettra à l'abri des entreprises des factieux (1).

Ce sera le sujet des réflexions que nous allons offrir sur les moyens d'assurer la stabilité du Gouvernement et la durée de la tranquillité publique.

---

(1) En terminant ce court examen des principaux résultats de la Révolution, qu'il nous soit permis de demander à celui qui voudra être juste, s'il n'est pas constant que cette même Révolution a satisfait plus de prétentions particulières, que sanctionné de droits légitimes; que si quelques changemens avantageux en ont été la suite, ils sont bien peu de chose pour contrebalancer les malheurs qu'elle a entraînés, enfin que la félicité publique a plus perdu que gagné.

Loin de demander au Souverain de nouvelles concessions, la Nation française doit, selon nous, désirer que la prérogative royale s'étende un peu davantage. Nous sommes effrayés, nous l'avouerons, de voir au contraire Sa Majesté annoncer l'intention de se départir d'une portion de cette prérogative, en soumettant plusieurs articles de la Charte, qui y sont favorables, à la révision des Chambres.

Et parmi ces articles, nous avons vu surtout avec peine celui qui attribue au Roi seul l'initiative des lois. Il nous semble peu à propos d'accorder cette faculté aux autres branches de la puissance législative. La manie des délibérations est une des habitudes les plus dangereuses de la Révolution. Elle doit être limitée autant que possible. Ne suffit-il pas que les Chambres puissent supplier le Roi de présenter des projets de loi sur les matières qu'elles désignent?

La Représentation nationale ne doit point, à notre avis, profiter de cette condescendance royale. Si Sa Majesté, pour détruire les atroces calomnies qu'on a répandues sur ses intentions, fait une semblable proposition, il est du devoir des Chambres de ne pas l'accepter; ce sera pour elles une noble occasion de prouver qu'elles sont dirigées par les motifs du véritable intérêt

public. La sécurité du Trône ne peut être sé-
parée de la sécurité de la Nation, nos malheurs
ont dû l'apprendre à ceux qui pouvaient en
douter.

Si la Charte présente un ensemble satisfaisant,
ne peut-on pas assurer qu'il y existe encore des
imperfections ; mais voici dans quel sens nous
l'entendons : dans la nouvelle révolution que
nous venons d'éprouver, qui n'a été à même
de voir que l'autorité du Roi n'était pas suffisante pour prévenir des complots qu'elle n'a pu
ensuite détruire. Les Anglais, si jaloux de leur
liberté, n'eussent pas manqué de suspendre l'acte
d'*habeas corpus* ; et si l'on peut faire un repro-
che à la Chambre des Représentans, dans cette
circonstance, c'est de n'avoir pas pris une pareille
mesure. Eût-elle arrêté cette coupable entreprise ?
nous l'ignorons, mais ce que nous croyons po-
sitivement, c'est qu'il n'y a pas à espérer de
tranquillité pour la France, si le Roi est trop
entravé par la Constitution.

SECONDE RÉFLEXION.

Nous ne pouvons approuver l'article de la
Charte qui interdit aux Chambres le droit de
pouvoir voter l'impôt pour plus d'une année.
Ce terme est trop limité. Il peut se trouver telles

circonstances dans la suite, où la réunion des Chambres sera retardée, soit par la nécessité, soit par une prudence légitime. Le Souverain pourra se trouver obligé, par cette même nécessité, devant qui tout cède, d'agir inconstitutionnellement pour recouvrer les fonds indispensables au service public. Il me semble que, sans détruire le plus puissant moyen de cette balance que l'opinion du siècle juge nécessaire, dans une Monarchie, on pourrait ne pas fixer au terme d'une année seulement, la durée de tous les impôts.

Comme il est dans un Etat des besoins habituels, et d'autres accidentels, de même on pourrait distinguer aussi deux sortes de revenus ou d'impôts.

Les premiers, destinés à acquitter les intérêts de la dette nationale, les dépenses courantes, pensions, traitemens, frais d'administrations, y compris même les dépenses du ministère de la guerre, en temps de paix, pourroient, sans inconvénient, être accordés pour plus d'une année, en n'étendant pas toutefois le plus long terme au-delà de cinq années. Les revenus pourraient être appelés ordinaires, et se rapprocheraient de la nature de ceux qu'on appelait en Angleterre revenus héréditaires.

Les autres impôts, créés pour les circonstances extraordinaires, comme la guerre, seraient seulement annuels.

Il est certain qu'on ne pourra pas déterminer actuellement, et même d'ici à quelques années, quels sont les besoins habituels de l'Etat, en tems de paix ; mais il suffit qu'on puisse faire un jour cette distinction, pour ne pas s'interdire dès à présent une faculté très-importante.

Peut-être un jour la regretterait-on tardivement : on voudrait y remédier, et ce serait une atteinte donnée à la Constitution qui doit être, autant que possible, immuable. Ne vaut-il donc pas mieux ne pas se resserrer dans un cercle étroit de considérations qui tiennent trop aux impressions du moment ?

Nous le répétons, la Représentation nationale ne perdra pas pour cela sa plus importante prérogative. D'elle-même dépendront les modifications qu'elle pourra juger à propos d'y apporter.

TROISIÈME RÉFLEXION.

Enfin, quelque étrange que puisse paraître cette assertion à bien des personnes, nous signalerons l'institution si préconisée des jurés, comme un des plus grands obstacles au rétablissement de l'ordre. Les Anglais les plus sages, ont été étonnés de nous voir adopter une institution qu'ils respectent à cause de son antiquité, et qui leur paraît liée trop essentiellement à leurs habitudes, pour la détruire, mais dont ils ne se dissimulent point les graves et nombreux inconvéniens.

Cette institution, toute neuve encore pour la France, puisqu'elle n'appartient même pas aux premières années de la Révolution, n'a point pour elle, dans ce pays, le respect qu'entraîne un ancien usage. Ses abus sont vivement sentis par beaucoup de personnes; en France, comme en Angleterre, nombre de coupables en profitent pour échapper aux glaives des lois; mais ce qui n'est qu'un mal local et particulier pour les délits qui n'intéressent que des individus, devient le mal de l'Etat, et menace les intérêts de tous, quand cette institution funeste dérobe à la vengeance publique les hommes criminels qui attentent à la tranquillité générale, en cherchant à renverser le Gouvernement. L'expérience a prouvé que les lenteurs de cette sorte de procédure, sa publicité, l'ignorance et le peu de moralité des jurés, ne présentent au Gouvernement que de trop faibles moyens de répression contre les conspirations.

Nous osons donc engager le Gouvernement et les Chambres à prendre cette matière en considération toute particulière. Si la volonté de tous s'attache absolument à cette institution étrangère, qu'au moins on en suspende l'usage pendant quelques années, pour les complots qui tendent à troubler l'Etat. Une Haute-Cour nationale, composée d'hommes intègres et recommandables, choisis par le Souverain sur les candidats présentés par les Chambres, serait un moyen assez sûr d'accorder les intérêts de la tranquillité avec le respect pour les principes qu'on veut défendre. Ces Magistrats auxquels appartiendrait exclusivement la connaissance des conspirations, jugeraient conformément aux lois établies et seraient responsables. D'ailleurs leurs fonctions pourraient être limitées à trois ou quatre ans.

QUATRIÈME RÉFLEXION.

Les Chambres, à notre avis, doivent se bien pénétrer de l'idée importante qu'une opposition permanente au Ministère, est une chose absurde ou coupable; il est bien triste de voir des membres tellement dévoués à ce déplorable système qu'ils se croient obligés, comme en conscience,

de contrarier presque tous les projets proposés.
C'est méconnaître les devoirs réels d'un député
du peuple qui, pour défendre la liberté, ne doit
pas se considérer nécessairement comme en état
de guerre avec le Ministère, aussi bien que lui
chargé des intérêts de la Nation. Il n'est qu'une
seule opposition légitime, celle qui doit s'exercer
contre les mesures qui blessent les constitutions
établies; il n'est qu'une seule censure ou accusation permise, celle qui auroit pour but de signaler des intentions ou des entreprises dangereuses
pour le Roi et pour la patrie qui sont toujours
inséparables. Hors de là, toute censure, toute
opposition est séditieuse, est blâmable.

Les mesures que nous avons indiquées, et les
réflexions que nous avons faites jusqu'ici, con-
cernent particulièrement les Chambres par leur
coopération ou leur action nécessaire; mais leur
zèle serait sans effet si le Gouvernement ne con-
tribuait pas à le soutenir par sa fermeté à faire
observer les lois. Ce serait en vain aussi que les
Ordonnances les plus sages émaneraient de l'autorité royale, si les différentes branches de l'ad-
ministration civile, si la force armée et les tri-
bunaux ne les faisaient pas exécuter.

Nous ne croirons pas manquer au respect que
nous devons au Roi, en lui témoignant notre re-

gret de ne pas voir jusqu'ici ses intentions par-
faitement remplies. Partout on fait les plus justes
plaintes sur l'audace des ennemis de l'ordre,
audace qu'on voit souvent impunie ou mal ré-
primée. Nous oserons même supplier Sa Majesté
de tranquilliser les hommes honnêtes qui pensent
que sa clémence pourrait enhardir les méchans,
si elle faisait taire les droits de sa justice.

Et qu'on ne nous accuse pas d'appeler la sé-
vérité des lois et celle du Souverain sur nos con-
citoyens, l'esprit de réaction et de vengeance est
bien loin de notre cœur, mais il est un terme à
la patience des citoyens paisibles, il doit en être
un à leurs inquiétudes et aux persécutions qu'ils
ont éprouvées. La France a soif du repos. Elle le
demande, et fut-il jamais plus juste réclamation!
Que ceux qui voudraient la troubler encore
soient donc bannis de son sein. Qu'ils aillent
ailleurs faire d'autres essais de leurs systèmes,
nous les croirons assez punis, en les abandonnant
à leur propre délire.

Cependant la noble énergie des Chambres, la
sagesse et la fermeté du Gouvernement travail-
leront sans succès à l'ouvrage difficile de notre
restauration, si l'immoralité presque générale s'y
oppose. Réflexion bien triste, mais bien importante; les meilleurs institutions ne peuvent sup-

pléer aux bonnes mœurs, et c'est à les rétablir surtout qu'elles doivent tendre; si celles-ci régnoient dans leur pureté, les lois civiles seraient toujours assez parfaites.

Quel sera le moyen de retrouver ce précieux avantage que nous avons laissé perdre au milieu du perfectionnement de l'esprit humain et du progrès des lumières? il n'en est qu'un, disons-le sans détour, c'est de revenir aux bases immuables et éternelles de toute moralité, aux idées religieuses. C'est dans leur étude, que l'homme le plus simple, comme le philosophe le plus profond, apprend la règle facile de ses devoirs. Qu'on s'écarte de cette règle divine, les sophismes prennent la place de la vérité, les passions, le vil intérêt, décident de la conduite, et toute la conscience de l'homme se réduit aux calculs de l'égoïsme.

Qui peut douter encore que la Religion soit un des plus fermes appuis du trône, ainsi que nous l'avons indiqué plus haut, quand même on ne voudrait plus reconnaître que l'autorité royale soit une sorte d'émanation de celle de la Divinité? et nous sommes loin d'abandonner cette idée (1) : on ne peut nier que la Religion

(1) *Voyez* le beau préambule du Traité des Lois de Domat, et l'ouvrage déjà cité de M. Ducancel, pag. 67.

chrétienne ne place le pouvoir des Rois sous une sauve-garde sacrée.

Il est donc de la plus haute importance que les lois protègent la Religion et les mœurs. L'éducation sera l'objet, sans doute, des premiers soins du Gouvernement. Elle fut trop long-tems confiée à des mains peu sûres et dirigée vers un but funeste ; mais qu'on se hâte d'y remédier, puisque chaque année voit corrompre une des classes de la nouvelle génération.

Nous n'étendrons pas davantage ces réflexions qu'un patriotisme véritable a inspirées. Nous les terminerons par le vœu bien sincère de voir notre triste patrie, revenue à la croyance de nos pères, et détrompée des chimères qu'elle a trop long-temps poursuivies, s'attacher enfin à un gouvernement sage où la liberté ne dégénère pas en licence, où l'autorité soit forte sans être tyrannique ; un semblable système, nous le répétons, peut seul guérir nos maux, assurer notre avenir, et nous rendre l'estime et la confiance des autres peuples de l'Europe.